Für Yannick und Andi
B.M.

2. Auflage 1996

Gedruckt auf chlorfrei gebleichtem Papier
ISBN 3 7152 0309 9

Ach – Tiberius . . .

Thomas Minssen – Babette Maeder

Ein Atlantis Kinderbuch im
Verlag Pro Juventute

Und wieder war es Frühling...
Das Krähenpaar Klara und Florian hatte zusammen Eier ins Nest gelegt. Also, gelegt hatte eigentlich Klara. Florian guckte dabei bloß zu.

Als Klara fertig war, sagte er: «Sehr gut. Drei Stück. Nicht zuviel und nicht zuwenig. Ich bin stolz!»

«Das ist die Hauptsache», meinte Frau Klara. «Ich bin etwas müde. Ich setze mich gleich auf die Eier und fange an zu brüten.»

Florian antwortete: «Kümmere dich nicht um das Essen, dafür werde ich sorgen!» Sprach's und flog über den Wald hin, wobei er immer wieder rief: «Hurra, ich werde Vater! Hört ihr's alle? Ich werde Vater!»

Einige Zeit hatten sie nun schon auf ihren Eiern gesessen, als Klara eines Nachmittags plötzlich sagte: «Florian, es pickt!»

Sofort fing Florian zu tanzen an und rief: «Sie kommen, sie kommen, meine Kinder kommen!»

Und tatsächlich, zwei niedliche Töchter betrachteten verschlafen und erschreckt ihren Vater. «Nicht so laut, Florian. Du machst den Mädchen Angst», sagte Klara.

Dann schaute sie unter sich: «Im dritten Ei rührt sich nichts. Wollen wir es aus dem Nest werfen?»

«Um Himmels Willen, *nein*! Weißt du, Klara, in diesem Ei reift mein Sohn heran. Wir Männer brauchen etwas mehr Zeit, um alles wohl und trefflich auszubilden.»

Dann begrüßte Florian seine Töchter: «Guten Tag, ihr Lieben.»

«Guten Tag, lieber Papa!» riefen beide.

«Wir werden euch Hanna und Elisabeth nennen», verkündete Florian.

Eine Woche später saß Klara noch immer auf dem dritten Ei und brütete und brütete...

«Du, jetzt habe ich genug», meinte sie zu Florian. «Die ganze Brüterei hat ja doch keinen Zweck!»

Florian seufzte: «Du hast recht, schmeißen wir es raus! Aber laß mich zuerst nachschauen, ob wirklich nichts drin ist.» Und er pickte mit seinem Schnabel das Ei auf.

Eine kleine Krähe streckte ihren Kopf aus der Schale, blinzelte mißmutig und sagte zur Begrüßung: «Bravo, Papa! Jetzt habe ich Kopfweh!»

«Er ist es!» jubelte Florian. «Er ist es, mein Sohn Tiberius!»

«Schon gut, Papa, nicht so laut! Und der Name ist übertrieben.»

«Ein besonderes Kind bedarf eines besonderen Namens», antwortete Florian.

Tiberius befreite sich von den Resten der Eierschale, betrachtete kurz seine Schwestern und scheuchte sie zur Seite. Dann machte er sich in der Mitte des Nestes breit, sperrte seinen Schnabel weit auf und krähte: «Hunger!»

An einem sonnigen Morgen erklärte Florian: «Kinder, es ist an der Zeit, daß ihr fliegen lernt. Klar?»

«Ja, Papa», antworteten seine Töchter. Tiberius sagte gar nichts.

«Ich werde euer Fluglehrer sein», fuhr Florian fort, «und ihr stellt euch jetzt an den Rand des Nestes und macht alles nach, was ich euch vormache.»

Sofort kletterten Hanna und Elisabeth auf den Rand. Tiberius blieb liegen.

«Mein Sohn, das gilt auch für dich», sagte Florian mit liebevoller Strenge.

Tiberius hob etwas den Kopf: «Tut mir leid, Papa», sagte er, «aber heute ist nicht mein Tag!» Damit plusterte er sich auf und döste friedlich weiter.

Vom Baum aus gegenüber hatte Friedrich der Kauz alles beobachtet: «An dem werden sie noch viel Freude haben!» rief er zu Florian hinüber.

Der beachtete ihn nicht, sondern begann, seine Töchter zu unterrichten: «Zunächst schütteln wir unsere Flügel tüchtig aus...»

Als Friedrich einige Tage später von einem kleinen Rundflug nach Hause kam, traute er seinen Augen nicht. Tiberius war nämlich von seinem Baum auf Friedrichs Baum gehüpft. Er stand vor dessen Höhle, stampfte wild, bewegte den Hals ruckartig hin und her und stieß seltsame heisere Schreie aus. Vor ihm hockte erschrocken Friedrichs Schwester Friederike.

«Was soll denn das?» fragte Friedrich.

Tiberius unterbrach seinen Tanz und antwortete: «Wie sie sehen, Herr Friedrich, bitte ich gerade ihre Schwester, meine Frau zu werden.»

Und damit wandte er sich wieder zu Friederike und fing von neuem mit seinem merkwürdigen Tun an.

Friedrich wurde wütend: «Du bist wohl völlig verrückt geworden!» schrie er. «Mach, daß du verschwindest!»

Ohne seine Tanzerei zu unterbrechen, antwortete Tiberius: «Nun stören sie doch nicht dauernd! Gerade jetzt, wo ich so gut bin.» Und er flüchtete erst vor den Schnabelhieben Friedrichs.

Am gleichen Abend noch bat Friedrich Florian zu einem Gespräch und erzählte ihm den Vorfall. Florian kehrte erst in der Nacht ins Nest zurück.

«Ach, Klara», flüsterte er, «ich glaube, unser Sohn hat den Verstand verloren! Jetzt will er Friederike heiraten!»

«Der ist nicht verrückt», meinte Klara, «der hat bloß zu wenig zu tun. Aber damit ist jetzt Schluß! Ab morgen tut der Junge was. Die Herumlümmelei im Nest hat ein Ende!»

Am nächsten Morgen in aller Frühe weckte Florian seinen Sohn: «Jetzt, Bürschchen, wird gearbeitet!» sagte er streng.

So war er noch nie gewesen. Tiberius wagte nicht zu widersprechen.

Weil er immer noch nicht fliegen konnte, gingen sie zu Fuß hintereinander durch den Wald.

«Wohin gehen wir eigentlich?» fragte Tiberius kleinlaut.

«Zum Osterhasen. So kurz vor Ostern hat der immer viel zu tun. Du kannst ihm helfen.»

Der Osterhase saß verborgen im Dickicht und malte ein Ei nach dem anderen an.

«Wenn bloß Ostern schon vorbei wäre!» stöhnte er.

«Mein Sohn wird ihnen helfen», sagte Florian.

«Ein tüchtiger Helfer ist mir immer willkommen», antwortete der Osterhase.

Florian verabschiedete sich rasch und ließ Tiberius dort.

«Bevor wir die Eier anmalen können», erklärte nun der Osterhase, «müssen wir sie abkochen. Auf dem Haufen hier links sind die hartgekochten, auf dem Haufen rechts die rohen. Hast du das verstanden?»

«Natürlich», antwortete Tiberius.

«Gut. Kommen wir zu den Farben», fuhr der Osterhase fort. «Wir machen einfarbige, und wir machen mehrfarbige Ostereier. Die einfarbigen sind schneller und einfacher zu bemalen. Darum empfehle ich dir, zunächst einfarbige zu machen. Klar?»

«Ja, ja», antwortete Tiberius, «wie sie meinen, Meister!»

«Ich muß jetzt dringend weg. Du malst derweil die Eier an, ja?»

«Wird gemacht, Chef!» sagte Tiberius.

Kaum war der Osterhase weg, machte sich Tiberius mit Feuereifer an die Arbeit.

Aber schon bald langweilte es ihn, immer nur blaue, rote, gelbe oder grüne Eier zu machen, und er fing an, ein Ei mit mehreren Farben zu bemalen. Dort, wo die Farben ineinander liefen, entstanden neue, die Tiberius noch nie gesehen hatte. Die Eier waren wunderschön.

Immer sicherer verwendete er die Farben, immer bunter und prächtiger wurden die Eier. In kurzer Zeit hatte er den ganzen rechten Haufen bewältigt. Die links müssen ja zuerst noch gekocht werden, dachte er.

Tiberius war gerade dabei, unter einem großen Topf mit Wasser Feuer zu machen, als der Osterhase zurückkam.

«Oh, das sieht ja toll aus», sagte der Osterhase. Tiberius war sehr stolz und wollte eben die Eier vom linken Haufen ins kochende Wasser tun.

«Du Unglücksvogel!» rief der Osterhase. «Jetzt hast du die rohen Eier bemalt!»

Zornig nahm er ein bemaltes Ei und warf es zu Boden. Es zersprang und lief aus.

Tiberius sagte nichts. Dicke Tränen liefen ihm aus den Augen, und er rannte so schnell er konnte nach Hause.

Am nächsten Tag mochte Tiberius nichts essen. Stumm hockte er im Nest.

Und als die anderen gegen Mittag zum verabredeten Familienausflug aufbrachen, wollte er nicht mitgehen.

Als er allein war, fing er an zu weinen. «Nichts, aber auch gar nichts gelingt mir!» schluchzte er. «Alles geht mir schief. Ich tauge zu gar nichts!»

Und wieder schluchzte er laut.

Auch Friedrich hörte sein lautes Weinen. Er breitete seine Flügel aus und flog lautlos hinüber, setzte sich zu Tiberius und betrachtete die kleine weinende Krähe.

«Na, na», sagte er, «na, na. So schlimm ist es doch nicht, oder?»

Tiberius hörte auf zu weinen und guckte Friedrich an. «Alles geht daneben. Ich bin zu faul, um fliegen zu lernen. Ich belästige ganz dumm Friederike. Und dann mache ich beim Osterhasen alles falsch! Ich bin wirklich zu nichts nutze!» Und wieder fing er an zu weinen.

«Hat man so etwas schon gehört?» rief Friedrich. «Du bist also zu nichts nutze, was? Du kannst also gar nichts, wie? So etwas Blödes! Du hast die Eier ganz toll angemalt, besser als der Osterhase selbst. Du hast bloß die falschen erwischt. Und Friederike findet dich ganz prima. Du bist halt nur kein Kauz, dafür aber eine Krähe. Ist das klar?»

Tiberius weinte nicht mehr. «Friedrich», fragte er zaghaft, «würdest du mir das Fliegen beibringen? Ich möchte auch so gut fliegen können wie du.»

«Das läßt sich machen, mein Lieber», erklärte Friedrich. «Aber sicher nicht hier auf diesem Ast. Dazu mußt du schon mit mir kommen!»

Und so gab der kleine Kauz Friedrich der kleinen Krähe Tiberius einen gewaltigen Flugunterricht.

Und schon bald flogen die beiden ihre Bahnen kreuz und quer durch die Luft.

Als Klara und Florian mit ihren Töchtern vom Ausflug zurückkamen, staunten sie: «Ist das nicht Tiberius, dort oben in der Luft?» fragte Elisabeth.

«Donnerwetter, ja!» rief Hanna aus.

Und Florian fügte hinzu: «Das ist schon ein ganzer Kerl, mein Sohn!»

Friedrich und Tiberius aber landeten schließlich bei Friederike.

Völlig außer Atem rief Tiberius: «Ach, ist das schön! Von allen Krähen auf der ganzen Welt kann ich bestimmt am besten fliegen! Findest du nicht auch, Friederike?»

Friederike sagte gar nichts. Aber…

… sie blinzelte Tiberius fröhlich zu.